„Web-Ethik": Portfolio-Arbeit

Elias Häfele

Impressum

Bibliografische Information der Deutschen Nationalbibliothek: Die Deutsche Nationalbibliothek verzeichnet diese Publikation in der Deutschen Nationalbibliografie; detaillierte bibliografische Daten sind im Internet über dnb.dnb.de abrufbar.

© 2017, Elias Häfele
Herstellung und Verlag: BoD – Books on Demand, Norderstedt

ISBN: 978-3-750409644

Inhaltsverzeichnis

Abbildung 1: Creative Commons by 2.0 Robert Couse-Baker.

I. Einleitung – Benötigen wir überhaupt eine Ethik 2.0?

„Der Rundfunk ist aus einem Distributionsapparat in einen Kommunikationsapparat zu verwandeln."
~ (Brecht 1932)

Laut der aktuellen JIM-Studie[1] 2016 (Medienpädagogischer Forschungsverbund 2017), haben 99 Prozent aller Jugendlichen via Smartphone, Computer oder Tablet Zugang zum Internet (siehe die beiden folgenden Abbildungen). Das Fernsehen als Freizeitbeschäftigung liegt abgeschlagen hinter der Nutzung von Facebook, WhatsApp und Youtube.

---

[1] Im Rahmen der JIM-Studie 2016 wurden Zwölf- bis 19-Jährige in Deutschland zu ihrem Medienumgang unter anderem im Hinblick auf Hausaufgaben, Lernen und Schule befragt. Dabei ging es auch um Regelungen in Bezug auf Handy und WLAN in der Schule.

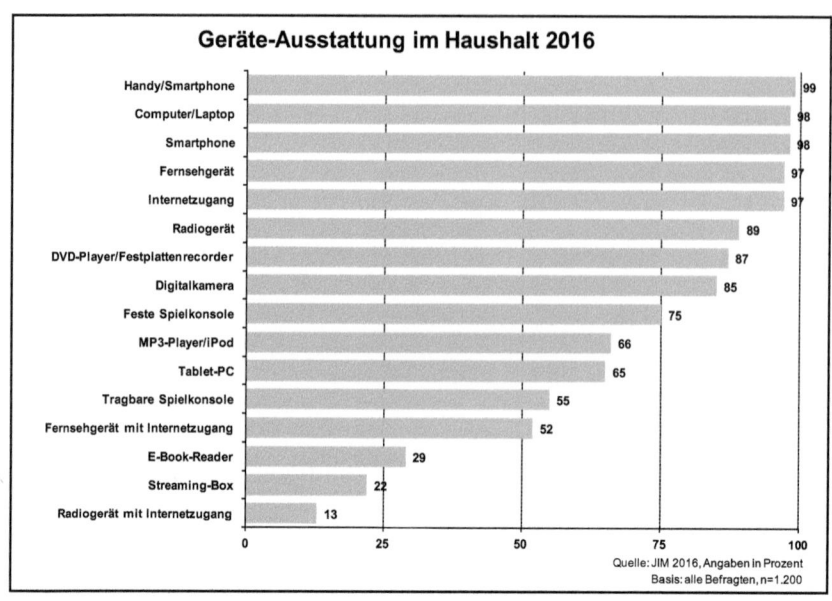

Abbildung 2: Geräte-Ausstattung 2016, JIM 2016.

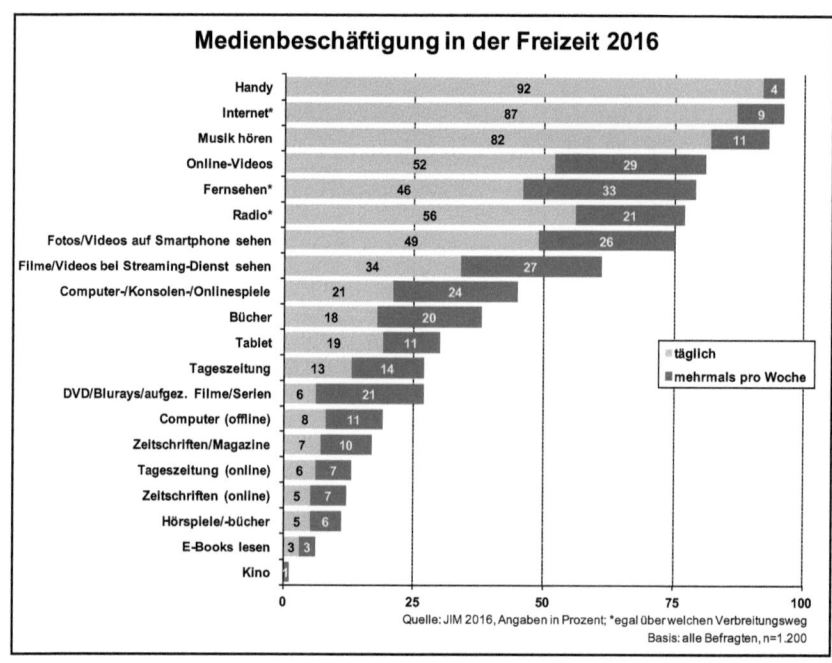

Abbildung 3: Medienbeschäftigung in der Freizeit 2016, JIM 2016.

Das Internet selbst hat sich in den letzten Jahren stark gewandelt: Von einem Konsum-orientierten Medium (das sogenannte Web 1.0), hin zu einem Mitmach-Medium (dem sog. Web 2.0[2]). Auch die Rolle der Nutzerinnen ist nicht mehr eindeutig, vielmehr befinden sich diese in einer permanente Doppelrolle: Die Web-Nutzerinnen sind sowohl „consumer" (von Inhalten), als auch Produzentinnen (producer). Der bereits 1984 von Alvin Toffler (Toffler 1984) eingeführte Begriff **„prosumer"**, der die aktuelle Generation von Web-Nutzerinnen beschreibt, die sich bereits ein gutes Stück von den Massenmedien entfernt haben und scheinbar mühelos Unmengen von „User-Generated-Content" produzieren, beschreibt m.E. diese Doppelrolle sehr gut.

Hätte Bert Brecht mit seiner eingangs zitierten Forderung nach der Wandlung eines rein distributiven Massenmediums in ein Kommunikationsmedium, mit den Möglichkeiten des Web 2.0 seine Freude gehabt? Wenn wir uns den zweiten Teil des Eingangszitates ansehen, bin ich mir sicher: **Ja.**

> *„Der Rundfunk wäre der denkbar großartigste Kommunikationsapparat des öffentlichen Lebens, ein ungeheures Kanalsystem, das heißt, er wäre es, wenn er es verstünde, nicht nur auszusenden, sondern auch zu empfangen, also den Zuhörer nicht nur hören, sondern auch sprechen zu machen und ihn nicht zu isolieren, sondern ihn in Beziehung zu setzen".* (Brecht 1932)

Auch die Antwort auf die zu Beginn gestellte Frage „Benötigen wir überhaupt eine Web Ethik, also eine Ethik 2.0" lässt sich nach meinem

---

[2] Seit dem Popularitätsschub des durch Tim O'Reilly - dem Besitzer des gleichnamigen Verlags - mit dem Artikel „What is Web 2.0 " (bereits 2005) geprägten Begriffs „Web 2.0", werden Websites und –Applikationen, die nicht über die typischen Web 2.0-Merkmale verfügen (bzw. in der Zeit vor 2005 gelauncht wurden), gerne unter dem Begriff „Web 1.0" subsummiert. Laut O'Reilly sei es im Web 1.0 zwar sehr leicht gewesen, Informationen abzurufen, aber aufwändiger, selbst Internet-Inhalte zu erstellen. Das Web 2.0 ermögliche es Anwenderinnen hingegen, auf sehr unkomplizierte Weise, selbst Beiträge zum Internet zu verfassen (O'Reilly 2005).

Dafürhalten mit einem eindeutigen Ja beantworten, denn ein Mehr an kommunikativer Freiheit bedeutet auch in Mehr an Verantwortung.

Wie diese Web-Ethik allerdings gestaltet sein und auf welche Bereiche diese angewendet werden soll, ist allerdings keine so eindeutige Sache mehr. Für eine Antwort darauf muss ich wohl weiter ausholen.

II. Ethik 2.0

„Wir wissen zwar nicht mehr, wo es langgeht, aber
wir kommen viel schneller voran."
~ (Rushkoff 2014)

Wenn wir von Web-Ethik sprechen, was meinen wir eigentlich damit?
Nach meinem Verständnis ist die Internet- oder Web-Ethik eine
„Untermenge" der Digitalen Ethik und diese wiederum ist eine
Erweiterung der allgemeinen Medienethik (nach Capurro 2017).

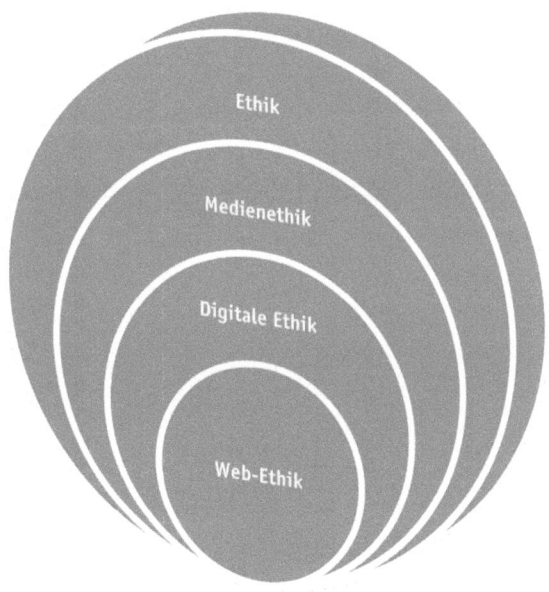

Abbildung 4: Web-Ethik als Teil der Medienethik. Eigene Illustration.

Nachfolgend füge ich zwei Direktzitate ein, die mir bei meinem Verständnis von Angewandter Ethik bzw. von Web-Ethik sehr nützlich waren:

>*„Ethik als [...] kritische, gelebte Moral reflektierende Disziplin [...] befähigt den Menschen zu verantwortungsbewusstem Handeln, indem sie ihm zum ersten sagt, was tatsächlich in seiner Macht liegt, indem sie ihn zum zweiten darüber aufklärt, welche Folgen seine Handlungen haben und welche Annahmen seinen Handlungen vorausliegen."* (Wiegerling 1998)

>*„Digitale Ethik versucht, Verhalten im digitalen Leben auf seine Verantwortbarkeit hin zu untersuchen und reflektiert die Bedingungen für ein gutes, gelingendes Leben. Zu den Aufgaben einer Digitalen Ethik gehört es, die Auswirkungen der Digitalisierung auf die Gesellschaft und den Einzelnen zu diagnostizieren und konsistente Begründungen für moralisches Handeln und normative Standards zu erarbeiten. [...] Ihr Ziel ist es, eine wertebezogene Digitalkompetenz zu fördern."* (Grimm 2017)

Eine Medienethik des Digitalen befasst sich also mit allen Lebensbereichen, die durch digitale Technologien oder computergestützte Medien geprägt werden. Alleine durch den Bereich „digitale Technologien" werden m.E. – neben den bereits bestehenden Anforderungen – in naher Zukunft weitere Betätigungsfelder in die digitale Medienethik integriert werden müssen, von denen ich nachfolgend zwei herausgreife:

Von der Mechanik zur Industrie 4.0, also die vierte industrielle Revolution: Dieser Begriff geht auf eine Initiative gleichen Namens der Bundesregierung und des BM für Bildung und Forschung zurück. 3D-Drucker haben bereits Einzug in die Produktionshallen gefunden, die Logistik-Branche wartet auf die Freigabe ferngesteuerter bzw. selbststeuernder Transportfahrzeuge, über das Internet-Protokoll Version 6 (IPv6) können sämtliche Produktionsmaschinen miteinander vernetzt werden, zusätzlich macht die drahtlose Datenübertragung, RFID-Chips, GPS etc. die Maschine-zu-Maschine Kommunikation möglich.

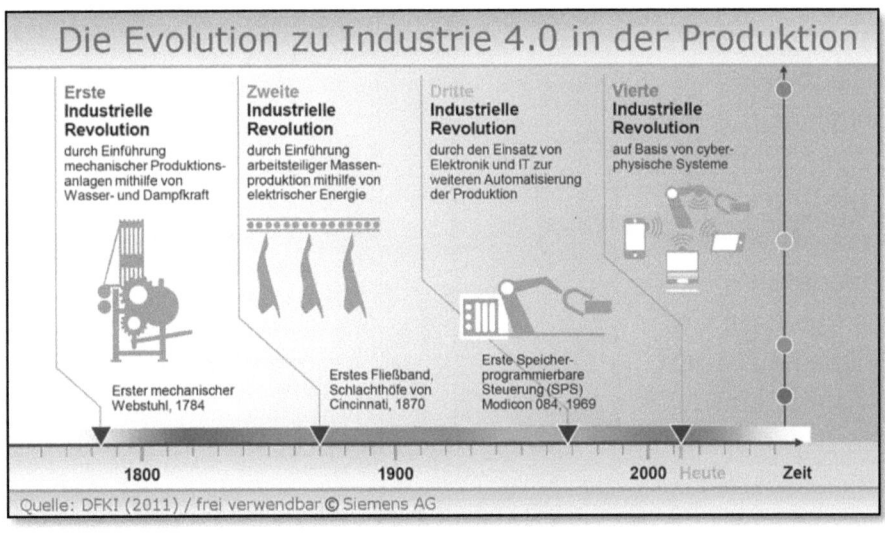

Abbildung 5: Evolution zu Industrie 4.0. Siemens AG, 2011.

In unterschiedlichen Publikationen wirtschaftsnaher Organisationen wird diese Entwicklung in attraktiven Bildern eines flexiblen, interessanten und verantwortungsvollen neuen Arbeitsalltags gezeichnet (Ruhland 2015). Gewerkschaften warnen aber berechtigterweise vor dem gigantischen Rationalisierungspotenzial, das in dieser Entwicklung steckt - nahezu 50 Prozent aller Jobs könnten dieser Entwicklung zum Opfer fallen (B 2017).

Maschinen- bzw. Roboter-Ethik: Mit dem Zunehmen von Robotern im menschlichen Lebenszusammenhängen und dem Klarwerden, dass es sich bei Robotern nicht nur mehr um reine Werkzeuge handelt, sondern um Agenten, Begleiter, Betreuer, Pfleger und Avatare, stellt sich die Frage nach einer Einschätzung der ethischen Herausforderungen an den Menschen (Dabringer 2017). In Anlehnung an die Bioethik (wir schützen nur das, zu dem wir eine Beziehung aufgebaut haben) bin ich der Auffassung, dass Roboter mittelfristig (innerhalb der nächsten 10 bis 15 Jahre) über genug Intelligenz und Bewusstsein verfügen werden, dass sie als neue Spezies einzuordnen sind (Bildung 2017), wie dies bspw. bereits in den frühen Werken des Science

Abbildung 6: Titelbild der UK-Fernsehserie HUMANS. Channel 4, 2017.

Fiction Autors Isaac Asimov[3] (bspw. in den Robotergesetzen 1942) oder in der sehr empfehlenswerten britischen Fernsehserie „Humans" thematisiert wird. Roboter als autonome und zukünftig selbstlernende Systeme haben m.E. das Potential, die derzeit diskutierte „funktionale

---

[3] Isaac Asimov (1919 – 1992) war ein russisch-amerikanischer Biochemiker, Sachbuchautor und einer der bekanntesten sowie produktivsten Science-Fiction-Schriftsteller seiner Zeit (Halac 2017).

Moralität" (Ärzteblatt 2017) im Sinne der Fähigkeit künstlicher Systeme, sich an moralischen Standards auszurichten und in einem gewissen Spielraum autonom zu agieren, zu übertreffen und zukünftig auch **selbstständig ethisch** zu handeln.

Mit der sich momentan schnell entwickelnden Technologie „Internet der Dinge" (Internet of Things, IoT), die Dinge (Maschinen, Kühlschränke, Fernseher etc.), Roboter, Tiere und Menschen über RFID[4] und Internet miteinander vernetzt und zum Informationsaustausch befähigt, gehören streng genommen die beiden oben beschriebenen Themenfelder ebenfalls in den Bereich Web-Ethik. Ich will für eine Komplexitäts-Reduktion den Bereich Web-Ethik aber weiter eingrenzen und den Menschen (und die zwischenmenschliche Kommunikation) als Akteur im Internet in den Mittelpunkt der Web-Ethik bzw. Ethik 2.0 stellen. Dies soll aber nicht bedeuten, dass der Staat, die Gesellschaft und Medien-Unternehmen aus der Pflicht genommen werden sollen, denn:

> *„Generell erwachsen ethische Normen und Werte aus dem Zusammenleben von Menschen und werden in einem Aushandlungsprozess immer wieder geprüft. Dies ist ein Prozess ständiger Rückbesinnung und Bewertung, aus dem sich neue Perspektiven entwickeln können. Solche Aushandlungsprozesse sind immer auch von* **Machtverhältnissen** *und* **Interessen** *geprägt."* (Pepper 2015)

---

[4] RFID (englisch für radio-frequency identification „Identifizierung mit Hilfe elektromagnetischer Wellen") bezeichnet eine Technologie für Sender-Empfänger-Systeme zum automatischen und berührungslosen Identifizieren und Lokalisieren von Objekten und Lebewesen mit Radiowellen (Gräbner 2017).

Nach Meinung vieler Fach-Autorinnen, sollte eine angewandte Web-Ethik idealerweise drei Leistungen erbringen:

- eine deskriptive (empirische Befunde beschreiben und diese ethisch „interpretieren"),
- eine normative (die Frage stellen, welche Maßstäbe und Normen warum gelten sollen)
- eine motivationale (sich mit den Möglichkeiten, Voraussetzungen und Motivationen für ethisches Handeln auseinandersetzen).

Diese Leistungen können wiederum auf **drei Ebenen** erbracht werden (modifiziert nach Grimm u. a. 2015):

Makroebene: Die Gesellschaft, der Staat

Grundlegende Fragen zum Mediensystem

- Welche Strukturen und Regeln sind für eine Demokratie wichtig?

Mesoebene: Die Medien-Unternehmen

Fragen, die das Selbstverständnis, die Strukturen und das Handeln der Unternehmen betreffen

- Welche Verantwortung haben Unternehmen wofür?

Mikroebene: Die Anwenderinnen

Fragen, die die Nutzung und Produktion von Medien- und Kommunikationsinhalten sowie das Ethos der Nutzerinnen betreffen

- Welche Verantwortung haben die Nutzerinnen?

Auf diese drei Ebenen verteilt, stellen sich nach Meinung von Expertinnen zukünftig vor allem die folgenden Herausforderungen, die ohne eine Web-Ethik nicht zu bewältigen sind (nach Grimm 2017); eigene Ergänzungen (nach Bildung 2014):

- Big Data und Privatsphäre und der mögliche Verlust der fundamentalen Werte Selbstbestimmung und Autonomie.
- Kosten der inneren (Staats-)Sicherheit, denn Sicherheit entsteht zumindest potenziell stets auf Kosten anderer Werte und die Sicherheit der Einen ist nicht zwangsläufig auch die Sicherheit der Anderen.
- Verletzendes Kommunikationsverhalten im Netz, wie bspw. Cybermobbing, Hate-Speech und sexuelle Belästigung.
- Bedeutung von personalisierten (Des-)Informationen und Nachrichten durch Suchmaschinen und sog. soziale Medien („Filterbubbles").
- Gefährdungspotenziale durch Medieninhalte, wie bspw. extreme Gewaltvideos und Propaganda.
- Orientierungs- und Vorbildfunktion der Medien für Kinder und Jugendliche, wie bspw. Geschlechtsidentität.
- Ungleiche Zugangsbedingungen und Aneignungschancen (bspw. Digital Divide in globaler Sicht und durch soziale Benachteiligung in der Medienaneignung).
- Virtuelle Realität (Virtual und Augmented Reality) und der Einfluss auf unser Verhalten in der realen Welt, unser Bewusstsein und unsere Identität.

Von all den aufgeführten Herausforderungen würde mich besonders die Bereiche Big Data versus Selbstbestimmung und Autonomie sowie die Kosten der inneren (Staats-)Sicherheit besonders interessieren, ich will aber die vorhandene Zeit und den Platz nützen, um auf konkrete

Umsetzungsmöglichkeiten bzw. Implementierungsstrategien einer angewandten Web-Ethik einzugehen.

> „Du bist nicht der Kunde der Internetkonzerne. Du bist ihr Produkt."
> ~ Jaron Lanier

III. Web-Ethik, Zehn Gebote, digitale Medienkompetenz und mehr

Das Institut für digitale Ethik der Hochschule Stuttgart nennt **drei zentrale Meilensteine** für die Umsetzung bzw. einer Implementierung einer angewandten Web-Ethik (Grimm 2017):

1. Die Ausbildung einer werteorientierten Digitalkompetenz.
2. Die Förderung von risikoarmen Technologien (Ethics by Design) und entsprechender Geschäftsmodelle.
3. Die Verständigung auf Regeln, an denen sich Nutzerinnen wie auch Anbieter orientieren können.

Die Verständigung auf und Benennung von gemeinsam einzuhaltenden Regeln scheint mir hierbei eine Art Soforthilfe / Schnellcoaching für noch nicht versierte Anwenderinnen zu sein und kann als erste Orientierungshilfe bzw. Navigationssystem dienen. Erfahrene Akteure benötigen jedoch m.E. weiteres, diffiziles „Werkzeug" um eine größere Optionenvielfalt zu erreichen. Nachfolgend füge ich als Direktzitat die **10 Gebote der Web-Ethik** des Institutes für digitale Ethik ein (Inst. f. Digitale Ethik 2017):

Wie können wir im Web gut miteinander leben?

„Hallo zusammen,

wir leben in einer digitalisierten Welt. Hier haben wir ein Mehr an Freiheit, aber auch an Verantwortung. Wie wir uns verhalten und mit Konflikten umgehen, ist Ausdruck unserer ethischen Haltung. Es ist an der Zeit, sich darüber zu verständigen, wie ein gutes, gelingendes Leben in der digitalen Gesellschaft aussehen soll. Die zehn Gebote verstehen sich als Leitlinien, die helfen, die Würde des Einzelnen, seine Selbstbestimmung und Handlungsfreiheit wertzuschätzen. Lasst sie uns achten!"

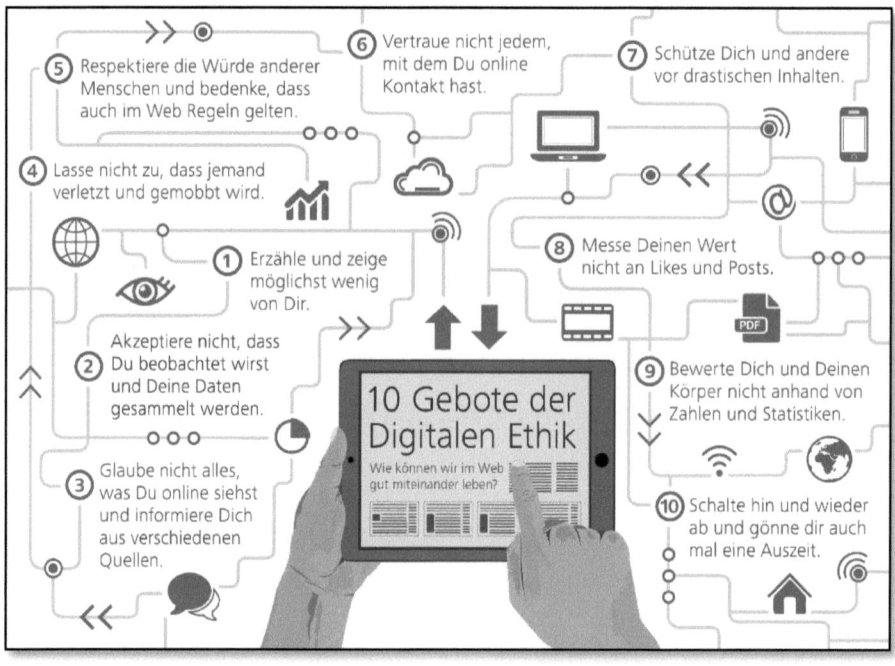

Abbildung 7: 10 Gebote der Digitalen Ethik. Institut für Digitale Ethik 2017.

Ähnliche Leitlinien existieren auch für Firmen und wirtschaftstreibende in Form von „Code of Ethics and Professional Conducts", wie bspw. jener der ACM - Association for Computing Machinery (ACM 2017). Damit die sog. Gebote, Leitlinien oder Conduct Codes jedoch nicht nur zu Lippenbekenntnissen degradiert werden, benötigt es – wie bereits erwähnt – weitere Befähigungsmaßnahmen für die Akteurinnen. Im Punkt 1 wird die Ausbildung einer werteorientierten Digitalkompetenz genannt. Diese darf natürlich nicht auf die reine Handhabungskompetenz beschränkt beliben, sondern muss um weitere Kompetenzen erweitert werden, wie sie bspw. in einer Studie im Auftrag des Forum Bildung-Berlin genannt werden (Schiersmann u. a. 2002):

- Gestaltung von sozio-technischen Systemen: Nutzung von Informations- und Kommunikations-Technik, um in Zusammenspiel mit rollenspezifischem Allgemein- und Fachwissen Probleme lösen und den Alltag mitgestalten zu können.
- **Kundige Kritik**: Beurteilung und Kritik von Technologie, von soziotechnischen Systemen sowie von zugehörigen Institutionen und Normen, soweit sie jeweils mit IuK[5]-Technologien in Verbindung gebracht werden.

Um diese im Eingangszitat von J. Weizenbaum zusammengefasst formulierte Befähigung zu entwickeln, sollte m.E. im Schulbetrieb fächerübergreifend breiter Raum geschaffen werden.

Hervorragendes methodisches Handwerkszeug für die schulische Umsetzung bietet bspw. die EU-Initiative Klicksafe (www.klicksafe.de) mit einer „medienethischen Roadmap": Durch das Anstoßen von Denkprozessen zum moralischen Urteilen und Handeln sollen wir Schülerinnen befähigt werden, eine eigene Haltung zu entwickeln – ein **Ethos**.

klick safe .de
Die EU-Initiative für mehr Sicherheit im Netz

---

[5] Informations- **u**nd Kommunikations-**T**echnologien.

Die „medienethische Roadmap" (siehe die folgende Abbildung) gliedert sich jeweils in sieben unterschiedliche Schritte, wobei die **Analyse und Reflexion eigener Wertekonflikte** (Dilemmata) von zentraler Bedeutung ist: Welche Werte, Maßstäbe und Normen werden angewendet? Welche Werte stehen sich dabei widersprüchlich gegenüber? Welche sollten Priorität haben – und warum (Grimm u. a. 2015)?

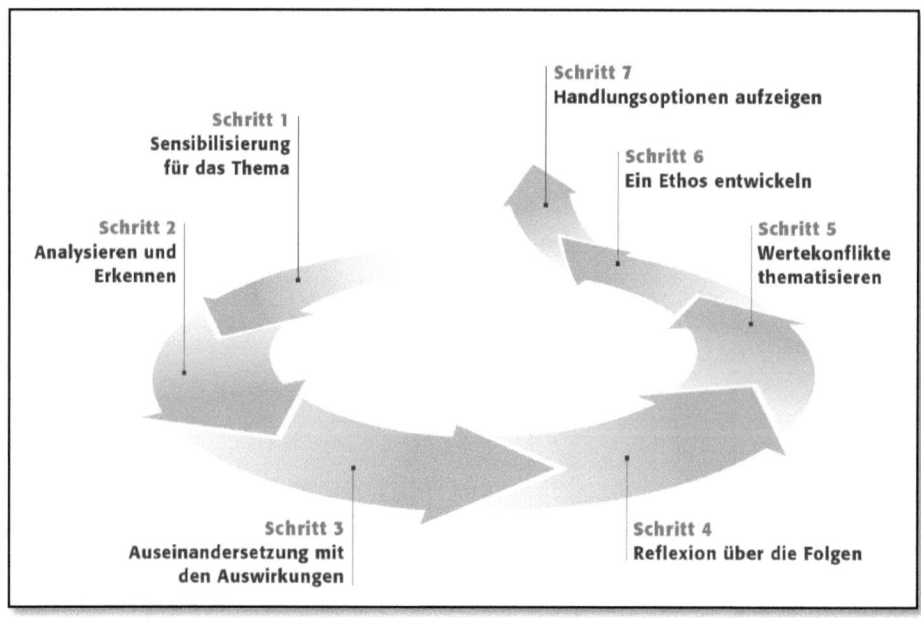

Abbildung 8: Die medienethische Roadmap der Initiative Klicksafe (Grimm u. a. 2015).

Ein konkreter Wertekonflikt liegt beispielsweise vor, wenn mir einerseits soziale Teilhabe und Verbundenheit via Web mit meinen Freundinnen wichtig sind, ich andererseits aber meine Privatsphäre schützen möchte. Entscheide ich mich also z.B. für oder gegen die Nutzung von WhatsApp (Kimmel 2017)?

IV. Fazit – Wir brauchen einen vierten Meilenstein

Damit stellt sich für mich die abschließende Frage, ob die eingangs erwähnten **drei Meilensteine** nicht um einen **vierten** erweitert werden sollten: Eine Veränderung des Bildungswesens? Ich selbst kann den meisten Thesen des Online-Manifests „Bildung 4.0" (Wagner u. a. 2016) nämlich aus ganzem Herzen zustimmen:

- These 1: Bildung 4.0 muss sich als gesellschaftliches Betriebssystem dem ständigen Wissensfluss anpassen - also responsive sein. Das geht nur ohne Bürokratie.
- These 3: Im Mittelpunkt steht der Mensch als Wertschöpfer für Wirtschaft und Gesellschaft. Die Welt dreht sich nicht nur um Angestellte.
- These 5: Digitales Umdenken statt digitaler Aktionismus. Es geht um eine neue Bildungskultur. Und dafür braucht es vielfältige Öffnungsprozesse.
- These 7: Bildung 4.0 bedeutet lebenslange Lernbegleitung. Ein bedingungsloses Lernguthaben muss her.
- These 10: Bildung 4.0 bedeutet die Aufhebung von Zeit- und Raum-Einheiten. Das kommt einem Ende von „Abschlüssen" gleich.

„Bildung 4.0 ist [...] das neue Betriebssystem der Gesellschaft, das im globalen Wissensstrom regelmäßig und in Echtzeit sich verändernde soziale Muster erzeugt, damit die Menschen daraus im Open Innovation Prozess immer wieder ihre Kompetenz neu entwickeln können.

Individuelle Bildungsprozesse sind Teil dieses permanenten Wissensaustausches und der kollektiven Wissenskonstruktion. Für den Menschen bedeutet Bildung daher neben der persönlichen Selbstentfaltung die aktive Teilhabe an der Gesellschaft – und dies auch in digitaler Form." (Wagner u. a. 2016)

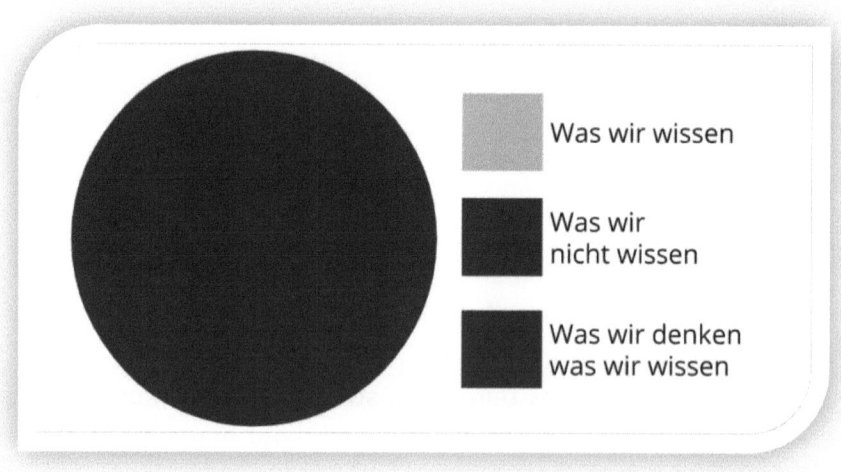

Abbildung 9: Was wir wissen (Wagner u. a. 2016).

Abschließend möchte ich meiner Überzeugung Ausdruck verleihen, dass eine Ethik 2.0 zwingend eine Bildung 4.0 benötigt bzw. dass das Eine wechselseitig auch das Andere bedingt. Dies ist notwendig, damit wir nicht länger im arroganten Status quo der Illusion der Allwissenheit verharren.

Gedanken zur Arbeit

Nun ist mein Text deutlich länger als geplant geraten: Da ich viele Tage Zeit investiert habe, mit meiner Arbeit dem komplexen Thema Web-Ethik bzw. Ethik 2.0 in dieser Form gerecht zu werden, fehlte mir für einen kürzeren Text einfach die Zeit - ich wüsste nicht welche Details ich hätte weiter „eindampfen" oder gar weglassen können.

Nach (und in) Quellen geforscht habe ich diesmal nicht nur mittels Internet, mir standen auch zahlreiche Paper und Broschüren zur Verfügung. Im Internet habe ich die entsprechenden Wikipedia-Einträge lediglich als Basis-Information für die weitere Recherche verwendet und zahlreiche deutsch- wie englischsprachige Websites zum Thema gefunden. Auf zahlreiche Detailinformationen in Fachliteratur stieß ich auch bei der Suche in Google Books.

Das Suchen und Lesen im Netz war es dann, was mir so richtig Auftrieb gab: So viel Interessantes gab es zu lesen, so viele Zusammenhänge konnte ich entdecken und so verbrachte ich sogar freiwillig einige Stunden mit der Lektüre, obwohl ich diese gar nicht mehr zum Fertigstellen der Arbeit benötigt hätte. Spaß brachte mir an der Arbeit vor allem die „Nebenrecherche" zu aktuellen Themen wie „Big Data versus Selbstbestimmung und Autonomie" sowie „die Kosten der inneren (Staats-)Sicherheit".

Mein Fazit: Das Schreiben diese Arbeit habe ich – trotz Zeitnot – als Gewinn empfunden; ich hoffe, es ging Ihnen beim Lesen ähnlich.

Elias Häfele, 2017

Quellen

ACM 2017. *Code of Ethics — Association for Computing Machinery.*
http://www.acm.org/about/code-of-ethics/#sect1 [Stand 2017-05-31].

Ärzteblatt, Deutscher Ärzteverlag GmbH, Redaktion Deutsches 2017. *Roboterethik:*
Maschinen mit Moral? - Dtsch Arztebl 2016; 113(4).
https://www.aerzteblatt.de/archiv/173667/Roboterethik-Maschinen-mit-
Moral [Stand 2017-05-30].

B, B 2017. Industrie 4.0 und die Telekommunikations- und IT-Branche | ver.di
Betriebsgruppe T-Systems Darmstadt. http://www.verdi-tsi-da.de/aus-der-
gesellschaft/industrie-4-0-und-die-telekommunikations-und-it-branche/
[Stand 2017-05-30].

Bildung, Bundeszentrale für politische 2014. *Ethik der inneren Sicherheit | bpb.*
http://www.bpb.de/politik/innenpolitik/innere-sicherheit/189934/ethik-der-
inneren-sicherheit [Stand 2017-05-30].

Bildung, Bundeszentrale für politische 2017. *Roboter Ethik: Von menschlichen*
Maschinen und einer neuen Moral | bpb.
https://www.bpb.de/dialog/netzdebatte/159807/roboter-ethik-von-
menschlichen-maschinen-und-einer-neuen-
moral?type=galerie&show=image&i=159809 [Stand 2017-05-30].

Brecht, Bert 1932. *Bertolt Brecht - Der Rundfunk als Kommunikationsapparat.*
http://medienistik.de/history/html/bertolt_brecht_-_der_rundfunk_.html
[Stand 2017-05-30].

Capurro, Rafael 2017. *Einführung in die Informationsethik.*
http://www.capurro.de/ethikskript/kap4.htm [Stand 2017-05-29].

Dabringer 2017. Roboterethik. *Wikipedia.*
https://de.wikipedia.org/w/index.php?title=Roboterethik&oldid=163111327
[Stand 2017-05-30].

Gräbner, Horst 2017. RFID. *Wikipedia.*
https://de.wikipedia.org/w/index.php?title=RFID&oldid=165720620 [Stand
2017-05-30].

Grimm, Petra 2017. Digitale Ethik. http://www.digitale-ethik.de/institut/digitale-ethik/ [Stand 2017-05-29].

Grimm, Petra, Neef, Karla & Waltinger, Michael 2015. Ethik macht klick.

Halac, Franz 2017. Isaac Asimov. *Wikipedia*. https://de.wikipedia.org/w/index.php?title=Isaac_Asimov&oldid=165402745 [Stand 2017-05-30].

Inst. f. Digitale Ethik 2017. 10 Gebote. http://www.digitale-ethik.de/digitalkompetenz/10-gebote/ [Stand 2017-05-31].

Kimmel, Birgit 2017. klicksafe. http://www.digitale-ethik.de/digitalkompetenz/klicksafe-2/ [Stand 2017-05-31].

Medienpädagogischer Forschungsverbund 2017. *Medienpädagogischer Forschungsverbund Südwest*. http://www.mpfs.de/studien/jim-studie/2016/ [Stand 2017-05-29].

O'Reilly, Tim 2005. *What Is Web 2.0*. http://oreilly.com{file} [Stand 2017-05-30].

Pepper, Renate 2015. Ethik macht klick.

Ruhland, Alexander 2015. *Gesellschaftliche Auswirkungen von Industrie 4.0 – Winfwiki*. http://winfwiki.wi-fom.de/index.php/Gesellschaftliche_Auswirkungen_von_Industrie_4.0 [Stand 2017-05-30].

Rushkoff, Douglas 2014. *Present Shock: Wenn alles jetzt passiert*. Neuausg. Freiburg, Br: orange-press.

Schiersmann, Christiane, Busse, Johannes & Krause, Detlev 2002. Medienkompetenz - Kompetenz für Neue Medien: Studie im Auftrag des Forum Bildung ; Workshop am 14. September 2001 in Berlin. In Materialien des Forum Bildung. Bonn: Arbeitsstab Forum Bildung, 102 S.

Toffler, Alvin 1984. *The Third Wave: The Classic Study of Tomorrow*. Reissue. New York: Bantam.

Wagner, Anja, Laurencon, Angelica & Schmitt, Christoph 2016. Das Bildung 4.0 Manifest | FLOWCAMPUS. http://flowcampus.com/input/bildung-4-0-manifest/ [Stand 2017-05-31].

Weizenbaum, Joseph 1997. J. Weizenbaum über Medienkompetenz Harald Gapski. https://medienkompetenzen.wordpress.com/2010/04/03/j-weizenbaum-uber-medienkompetenz/ [Stand 2017-05-30].

Wiegerling, Klaus 1998. *Medienethik*. Stuttgart: Metzler, J B.

Abbildungsverzeichnis